AF455486

ARICIE,
BALLET
EN MUSIQUE,

REPRESENTE'

PAR L'ACADEMIE ROYALLE
DE MUSIQUE.

On le vend
A PARIS,
A l'Entrée de la Porte de l'Academie Royalle de Musique, au Palais Royal, ruë Saint Honoré.
Imprimé aux dépens de ladite Academie.
Par CHRISTOPHE BALLARD, seul Imprimeur du Roy pour la Musique.

M DC. XCVII.
AVEC PRIVILEGE DU ROY.

ACTEURS DU PROLOGUE.

APPOLLON.

MELPOMENE,
EUTERPE, } *Muses.*
POLYMNIE,

MARSIAS, Satyre.

Troupe de Faunes & de Silvains.

Troupe de Bergers & de Bergeres.

Troupe d'Habitans des bords de la Seine.

PROLOGUE.

Le Theatre repreſente un lieu agreable ſur les bords de la Seine.

SCENE PREMIE'RE.

MARSIAS ſeul.

Les Bois & les Rochers s'animent par mes chants,
A mes accords doux & touchants
Tout doit ceder, tout doit ſe rendre;
Taiſez-vous, importuns oyſeaux,
Ecoûtez-moy, ſi vous voulez apprendre,
Des ſons plus ſçavans & plus beaux.

La plus fiere beauté ne ſçauroit ſe deffendre,
Dés que ma voix ſe fait entendre,
De ſe ſoumettre à l'amoureuſe loy.
Le jaloux Appollon voudroit en vain pretendre,
De l'emporter ſur moy.

Pendant que Marsias acheve de chanter, Euterpe qui preside à la Musique Pastorale, Melpomene qui a inventé la Musique Tragique, & Polymnie qui preside aux Arts, l'écoutent avec indignation.

SCENE SECONDE.

MARSIAS, MELPOMENE, EUTERPE, POLYMNIE.

LES TROIS MUSES.

TOn audace sera punie,
Tes chants seront changez en des cris furieux,
Ozes-tu jusques dans ces lieux,
Braver le Dieu de l'harmonie?

MARSIAS.

Est-ce le Dieu jaloux dont vous suivez les loix
Qui vous fait mépriser les charmes de mes voix?

Qu'il joüisse de son partage
Sa lumiere feconde éclaire l'Univers,
Je dois sur luy remporter l'avantage,
Par la douceur de mes concerts.

POLYMNIE.

Les Arts luy doivent leur naissance
Ses bien-faits ont rendu tous les mortels heureux,
Une juste reconnoissance
Luy fait offrir par tout de l'encens & des vœux.

MELPOMENE.

Crains le triste succés d'un orgueil temeraire,
Tremble, Satyre ambitieux.

EUTERPE.

Crains un Dieu qui dans sa colere
Peut embrazer & la Terre & les Cieux.

On entend icy un Prelude qui annonce l'arrivée d'Appollon.

MELPOMENE.

Quel son harmonieux vient de se faire entendre?

TOUTES TROIS.

C'est Appollon qui va descendre.

Les trois Muses entrecoupent le Prelude en chantant les quatre Vers suivans, pendant qu'Appollon descend.

Tremble, Satyre ambitieux,
Crains le triste succés d'un orgueil temeraire,
Crains un Dieu qui dans sa colere,
Peut embrazer & la Terre & les Cieux.

SCENE TROISIE'ME.

APPOLLON, LES TROIS MUSES, MARSIAS.

APPOLLON dans ſon Char.

LEs Dieux ſont à regret reſſentir leur puiſſance
Quand elle doit ſervir leur courroux irrité,
Mais ton crime a trop éclaté
Et je dois punir une offenſe
Qui de mon rang bleſſe la majeſté;
Prenez ſoin, Dieu des Bois, d'une juſte vengeance,
Rendez ſa peine égalle à mon reſſentiment;
Et puniſſez ſon inſolence
Par le plus honteux chatiment.

SCENE QUATRIE'ME.

APPOLLON, LES TROIS MUSES, MARSIAS. Trois Faunes & Trois Silvains.

MARSIAS en voyant arriver les Faunes & les Silvains.

O Ciel! quelle injuſtice!
Ah! quelle cruauté!

LES MUSES.

Va malheureux, cours au ſupplice,
Que ton orgueil a merité.

MARSIAS ſe voyant entraîné par les Faunes & les Silvains.

O Ciel ! quelle injuſtice !
Ah ! quelle cruauté !

SCENE CINQUIE'ME.

APPOLLON, LES TROIS MUSES, Suite des Muſes, & les Habitans des bords de la Seine, qui viennent prendre part à la vangeance d'Appollon.

APPOLLON.

MUſes chantez dans ſes retraites
Les Exploits glorieux du Heros que je ſers,
Inventez de nouvelles feſtes,
Preparez de charmans concerts,
Celebrez par vos chants les nouvelles conqueſtes,
Du plus grand Roy de l'Univers.

CHOEUR.

Inventons de nouvelles feſtes,
Preparons de charmans concerts,
Celebrons par nos chants les nouvelles conqueſtes,
Du plus grand Roy de l'Univers.

APPOLLON.

Par tout où je répands ma lumiere feconde
On entend retentir le bruit de ses exploits,
Tous les Peuples du monde
Seroient charmez de vivre sous ses loix,
Si leur destin dépendoit de leur choix.
Tandis que je suivray ma brillante carriere,
Muses, ne songez qu'à luy plaire.

Appollon s'envole.

SCENE SIXIE'ME.

LES MUSES. Suite des Muses, les Habitans des bords de la Seine.

MELPOMENE.

A L'ombre de ces Bois, sur ce bord enchanté
Joüissez d'une paix profonde,
Un Heros que l'on craint sur la terre & sur l'onde,
Veille pour vostre sureté.

UNE BERGERE.

Dans ce charmant séjour
Les plaisirs de l'amour
Sont pour les cœurs fidelles,

Nos

Nos flames y ſont mutuelles,
Nous aymons ſans détour;
Nous fuyons les ardeurs nouvelles,
Dans ce charmant ſéjour
Les plaiſirs de l'amour
Sont pour les cœurs fidelles.

UN BERGER.

Un cœur volage
N'a pour partage
Que des rigueurs,
Un amant tendre
Peut ſeul prétendre
A nos douceurs;
Quand il languit, quand il ſoûpire
Un doux eſpoir doit flater ſes deſirs,
Il voit bien-tôt ſucceder les plaiſirs,
A ſon martyre.

CHOEUR.

Inventons de nouvelles feſtes,
Preparons de charmans concerts,
Celebrons par nos chants les nouvelles conqueſtes,
Du plus grand Roy de l'Univers.

FIN DU PROLOGUE.

ACTEURS DU BALLET.

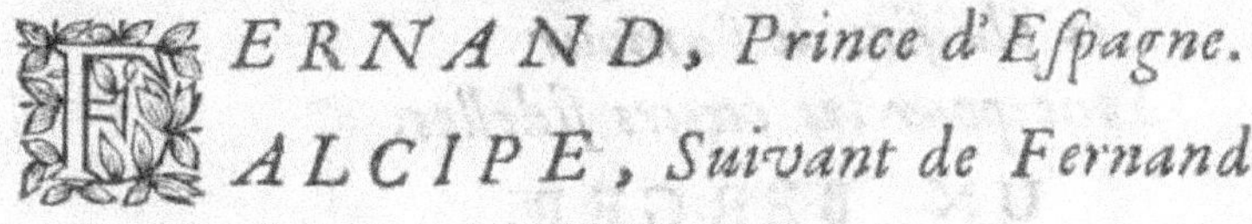

FERNAND, Prince d'Espagne.

ALCIPE, Suivant de Fernand.

ARCAS, Suivant d'Aricie.

ARICIE, Princesse de l'Isle inconnuë, Amante de Fernand.

Deux Princesses Coquettes.

ELISE, Confidente d'Aricie, Amante d'Arcas.

Troupe de Peuples que Fernand a subjuguez.

Troupe de Bergers & de Bergeres.

Troupe d'Amants qui s'assemblent au Temple de l'Amour.

ARISTANDRE, Magicien.

Troupe de Demons.

FLORINDE, Magicienne.

Troupe de Peuples de l'Isle inconnuë.

ARICIE, *BALLET.*

PREMIERE ENTRE'E.

Le Theatre represente un bois auprés d'un lieu agreable où l'on prépare une Feste champêtre à la Princesse de l'Isle inconnuë.

SCENE PREMIERE.

FERNAND, ALCIPE.

ALCIPE.

Seigneur, il faut bannir une indigne tendresse,
Le grand cœur de Fernand doit être sans foiblesse,
Sur ces bords inconnus au reste des humains
Vous aimez sans espoir, & vos soupirs sont vains.

FERNAND.

Helas est-il aisé quand l'amour est extrême,
De renoncer à ce qu'on aime !

ALCIPE.

Vôtre gloire est connuë en cent divers climats....

FERNAND.

Dans un honteux repos ma gloire est obscurcie,
Je ne le vois que trop, helas !
Mais je ne puis quitter les funestes appas,
Qui tiennent mon ame asservie.
D'un sort digne d'envie
Je goutois la douceur
Rien ne manquoit à mon bonheur,
J'aimois, j'étois aimé de la belle Aricie.

ALCIPE.

La fin d'un tendre engagement
N'est pas l'ouvrage d'un moment.
La beauté qui vous a soumis à son empire,
Brule toûjours des mêmes feux ;
Non pour avoir brisé ses nœuds
Un seul jour n'a pû lui suffire.

Cette Princesse en ce jour
Assemble icy sa Cour,
On lui donne en ces lieux une feste champêtre,
Seigneur y devez-vous paroître !

FERNAND.

Je cherche le silence, & l'horreur des forests,
Va, laisse-moi rever en paix.

SCENE SECONDE.

Deux Princesses coquettes, Fernand réve dans un des côtez du Theatre, pendant qu'elles parlent sans le voir.

PREMIERE PRINCESSE.

ALlons nous mêler à la Fête,
Que l'on apprête,
Allons danser au son des chalumeaux,
L'amour sous ces ormeaux
Nous promet plus d'une conquête.

TOUTES DEUX.

Allons nous mêler à la fête,
Que l'on apprête.

SECONDE PRINCESSE à Fernand.

Seigneur, quel noir chagrin dans ces lieux vous arrête,
Quel soin vous fait rêver au murmure des eaux?

TOUTES DEUX.

Allons nous mêler à la fête,
Allons danser au son des chalumeaux.

FERNAND.

Laissez-moy dans ma rêverie,
LaisseZ-moy m'occuper des soins de mon amour,
Je perds sans espoir de retour
Le seul bien qui pouvoit m'attacher à la vie.
L'inhumaine Aricie
Malgré mon tendre amour me bannit pour jamais;
Laissez-moy dans ma rêverie,
Laissez-moy m'occuper de mes tristes regrets.

PREMIERE PRINCESSE.

Pour se vanger d'une infidelle,
Il faut sçavoir changer comme elle,
Vôtre maîtresse a des appas;
Mais on en peut trouver qui ne lui cedent pas.

SECONDE PRINCESSE.

Une volage
Que rien n'engage,
Peut-elle vous avoir asservi sous sa loy?
De ses trompeurs appas il falloit vous deffendre,
A quoy ne doit-on pas s'attendre,
Quand on s'engage sur la foy
D'une volage
Que rien n'engage?

FERNAND.

A la jeunesse, à la beauté,
Quel cœur peut faire resistance?
Il n'est point de pouvoir plus fort, plus redouté,
Que le pouvoir de la beauté,
Lorsqu'avec la jeunesse elle est d'intelligence.

PREMIERE PRINCESSE.

Peut-on se faire un embarras,
De perdre un cœur volage?
Vangez-vous, si vous êtes sage,
Vôtre maîtresse a des appas,
Mais on en peut trouver qui ne lui cedent pas.

FERNAND.

C'est sur mon destin déplorable
Que j'ay les yeux ouverts,
Je ne vois rien d'aimable,
Que le bien que je pers.

SECONDE PRINCESSE.

Pouvez-vous faire cet outrage
A qui veut dissiper vôtre fatale erreur?
Soupirez, gemissez dans un triste esclavage,
Je me ris de vôtre langueur.

PREMIERE PRINCESSE.

On ne fait guere de conquête
Avec cet air chagrin,
Il faut l'abandonner à son fatal destin,
Allons nous mêler à la feste,
Que l'on apprête.

TOUTES DEUX.

Allons nous mêler à la feste,
Que l'on apprête.

SCENE TROISIE'ME.

FERNAND seul.

Que mon sort est à plaindre?
Accablé de rigueurs, haï, desesperé
De mille noirs chagrins en secret devoré,
Il faut sans cesse me contraindre,
Que mon sort est à plaindre!

Pourquoi tant murmurer? recourons au trepas;
Eh! qu'ay-je affaire de la vie
Sans l'aimable Aricie,
Sans ses charmans appas.

Cachons-nous elle rêve en cette solitude,
Vous que déja mes pleurs ont touchez tant de fois,
Témoins de mon inquietude,
Qui suivez mes ennuis, & mes pas dans ces bois,
Joignez pour l'attendrir vos concers à ma voix.

SCENE QUATRIE'ME.

ARICIE seule.

AUtheur des peines que j'endure,
Amour sors de mon cœur, vange-moy de l'injure
Que fait l'ingrat que j'aime à mes foibles appas,
Anime mon depit, allume ma colere,
Contre une ame legere,
Qui doit m'aimer & qui ne m'aime pas.

On me donne en ces lieux une fête nouvelle,
Pour un autre que lui je feins de m'enflammer,
Mais mon amour sans cesse me rapelle
Du côté d'un ingrat qui cesse de m'aimer,

En ces lieux écartez qui l'engage à me suivre?

SCENE CINQUIE'ME.

FERNAND, ARICIE.

Suite de Fernand, Suite d'Aricie.

FERNAND.

VOus voyez un amant qui va cesser de vivre,
vous avez prononcé l'arrêt de montrépas;
Mais c'est peu des malheurs où mon destin me livre,
Pour rendre hommage à vos appas.

Vôtre cœur peut-il suivre une chaine nouvelle,
Quand j'adore toûjours le pouvoir de vos yeux?
Songez au prix d'un cœur fidelle,
Rien n'est si rare sous les Cieux.

Suivant de Fernand.

Amans qu'amour unit de ses nœuds les plus doux,
Evitez les soupçons jaloux,
Fuyez les plaintes vaines,
Gardez-vous de briser vos chaînes,
Gardez-vous, gardez-vous,
D'écouter un fatal courroux.

LE CHOEUR.

Evitons les ſoupçons jaloux,
Fuïons les plaintes vaines,
Gardons-nous de briſer nos chaînes,
Gardons-nous, gardons-nous
D'écouter un fatal courroux.

Suivant de Fernand.

Il faut aimer dans la jeuneſſe,
Il faut quitter les vains détours;
Nos cœurs ſont faits pour la tendreſſe,
Et les plaiſirs pour nos beaux jours.

ARICIE à Fernand.

Malgré les conſeils qu'on me donne,
Je ſuivray le penchant où mon cœur s'abandonne,
Si vous voulés me changer en ce jour,
Il faut encor pour vous intereſſer l'Amour.

FIN DE LA PREMIE'RE ENTRE'EE.

DEUXIE'ME ENTRE'E.

Le Theatre repreſente une prairie bordée d'un bois, où la Princeſſe Aricie doit trouver au bout d'une route une fête champêtre.

SCENE PREMIE'RE.

ELISE ſeule.

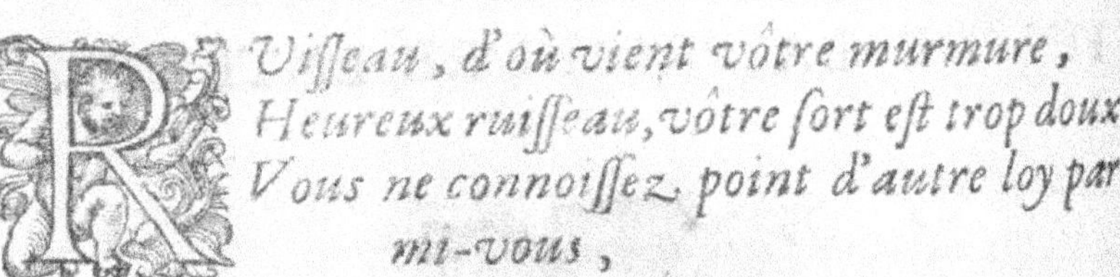

Uiſſeau, d'où vient vôtre murmure,
Heureux ruiſſeau, vôtre ſort eſt trop doux,
Vous ne connoiſſez point d'autre loy par-
mi-vous,
Que le penchant de la nature ?
Rien ne s'oppoſe à vôtre cours,
Vous le ſuivez ſans vous contraindre
Helas ! s'il en étoit ainſi de mes amours,
On ne m'entendroit jamais plaindre.

Amour voi quelle est ta rigueur,
J'aime un indifferent qui méprise ma flame,
Arcas brûle pour moy d'une sincere ardeur,
Et le fidelle Arcas ne peut toucher mon ame.

SCENE SECONDE.

ARCAS, ELISE.

ARCAS.

TE verray-je toujours insensible à mes feux?
Ne veux-tu point finir ma peine

ELISE.

Je n'aurois point brisé mes nœuds,
Si tu n'avois brisé ta chaine.

ARCAS.

Pour rallumer tes feux, je feignis de changer,
Tu ne me voïois plus qu'avec indifference,
Tu te lassois de ma constance,
Et ton cœur s'alloit dégager,
Je cessay de te menager,
Mais ce ne fut qu'en apparence,
Afin de te mieux engager.

ELISE.

Je ne pretens point te contraindre,
Tu peux ailleurs feindre de t'enflammer,
Peut-être à force de le feindre
A la fin tu pourras aimer.

ARCAS.

Mon ardeur a pour toi toujours esté constante,
Il faut me pardonner cette ruse innocente.

ELISE.

Il ne faut plus songer à tes liens rompus,
Quand on a pu me faire cet outrage
Mon cœur pour jamais se degage,
Et l'on n'y revient plus.

ARCAS.

Veux-tu m'ôter toute esperance ?
Quoi ? sans avoir égard à ma persévérance
Cet injuste dessein seroit-il resolu ?

ELISE.

Pourquoi l'as-tu voulu ?

ARCAS.

Tu quittes pour jamais une chaine si belle,
Ton ame devient infidelle ;
Quoi, c'est un Arrest absolu ?

ELISE.

Pourquoi l'as-tu voulu ?

ARCAS.

Deviens sensible à mon martire,
Je suis plus que jamais
Soûmis à ton empire,
Je suis plus que jamais
Sensible à tes attraits.

Pour toy nuit & jour je soupire,
Voi tous les maux que tu me fais,
Cruelle veux-tu que j'expire,
Ah ! rends-moi ma premiere paix,
Sur l'amour que je te promets,
Ton cœur n'aura rien à me dire.

ELISE.

Non je ne veux jamais aimer,
Je crains un cœur volage,
En vain l'amour veut m'enflammer,
Je fuis son esclavage,
J'aimerois si j'étois moins sage,
Sans craindre le danger ;
Mais helas ! quel amant s'engage
Pour ne jamais changer ?

SCENE TROISIEME.

ARCAS, ALCIPE traverse le Theatre.

ARCAS.

ECoûte un mot Alcipe, arrête?

ALCIPE.

Que prêtens-tu de moy?

ARCAS.

Je veux m'eclaircir avec toi
Sur un doute qui m'inquiete;
L'amour me tient sous son pouvoir,
Je crois que tu n'es pas à t'en appercevoir.

ALCIPE.

Je ne m'apperçois guere
De tout ce que tu fais,
Si l'amour en courroux t'accable de ses traits,
Si tu ne peux toucher l'objet qui t'a sçeu plaire,
C'est ton affaire,
Je ne m'apperçois guere de tout ce que tu fais.

ARCAS.

Tu vois la beauté qui m'engage,
Si tu ne l'aimes pas, pourquoy me faire ombrage?

ALCIPE.

Qui t'a dit que pour moi ses yeux sont sans appas?

ARCAS.

Quoi! tu brules pour elle, & tu me l'ose dire?

ALCIPE.

Ton chagrin me fait rire.

Quelle raison pourrois-je avoir
De cacher à tes yeux une flame si belle?
D'une ardeur sincere & fidelle
Elle flatte mon espoir.

ARCAS.

Non, elle m'a promis une flame éternelle,
Ce doux espoir à moi seul est permis.

ALCIPE.

Non, elle ne tient pas ce qu'elle t'a promis.

Tu te flates d'un avantage
Que sur toi j'ai sçû remporter;
Je suis assez content de la rendre volage,
Et je veux bien te laisser pour partage
La douceur de te flater.

Tous deux.

Tu crois obtenir la victoire,
Mais tu n'en as pas la gloire;
Prétens-tu m'enlever son cœur?
Tu n'es pas un rival qui doive faire peur.

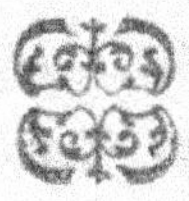

SCENE QUATRIE'ME.

ALCIPE seul.

Je suis peu touché de la gloire
Qu'on peut obtenir en aimant,
Mais je prens plaisir au tourment
D'un amant qui s'en fait accroire.

Elise auroit encor mille fois plus d'appas,
Que mon cœur ne les craindroit pas.

En ces lieux déja l'on s'avance,
C'est la féte qui commence.

SCENE CINQUIE'ME.

ARICIE, ELISE, les deux Princesses coquetes. Troupe de Bergers & de Bergeres. Suite d'Aricie.

UNE BERGERE.

Accordez vos muzettes
Avec vos chalumeaux,
Que le bruit de vos chansonnettes,
Réponde au concert des oiseaux.

LE CHOEUR.

L'amour dans ces retraites,
Enchaîne tous les cœurs,
Chantons, celebrons les conquêtes
Du vainqueur des vainqueurs.

Une PRINCESSE coquette.

Dans l'amoureux Empire
Souvent on languit on soupire,
Mais sans amour la vie est sans appas,
On n'a rien à se dire,
Quand on n'aime pas.

UNE BERGERE.

C'est dans nos bois que l'amour a des charmes,
C'est dans nos bois que son Empire est doux,
Preparons - nous.
A ses douces allarmes
Rendons lui les armes,
Cedons à ses coups.

Une PRINCESSE coquette.

Amans ne quittez point vos chaines,
Si l'amour a des peines,
Il rend contens les cœurs qu'il fait souffrir,
Ce Dieu charmant dans vos maux s'interesse,
Il ne vous blesse
Que pour vous guerir.

LE CHOEUR.

L'amour dans ses retraites,
Enchaine tous les cœurs;
Chantons, celebrons les conquêtes,
Du vainqueur des vainqueurs.

FIN DE LA DEUXIE'ME ENTRE'E.

TROISIE'ME ENTRÉE.

Le Theatre répréſente un Bois où l'on voit un Temple conſacré à l'Amour.

SCENE PREMIE'RE.

FERNAND ALCIPE.

FERNAND.

Rrêtons nous dans ce bocage,
Mille Amans empreſſez
Y viennent rendre homage
A l'Amour qui les a bleſſez;
Et j'y pourray trouver l'ingrate qui m'engage.

ALCIPE.

Languirez-vous toûjours dans un triſte eſclavage.

FERNAND.

L'Amour nous fait bruler des plus vives ardeurs,
Nous cedons quand il veut aux loix qu'il nous impoſe;
C'eſt l'amour qui diſpoſe
De la liberté des cœurs.

SCENE DEUXIEME.

ELISE seule.

CHantez petits oiseaux, vous n'avez rien à craindre.
La peur de n'être pas aimez,
Ne vous engage point à feindre ;
Et vous suivez sans vous contraindre
Les doux transports de vos cœurs enflammez,
Chantez petits oiseaux, vous n'avez rien a craindre.

Que vois-je, ô Ciel ! c'est l'objet qui m'enflamme.

SCENE TROISIE'ME.

ELISE, ALCIPE faisant plusieurs tours dans le bois.

ELISE.

L'Indiferent Alcipe aime enfin à son tour,
L'amour le fait rêver dans ce sombre séjour.

ALCIPE.

L'Amour n'a point encor blessé mon ame,

Pour me garantir de ses traits,
J'ay toûjours avec soin respecté sa puissance,
Et grace à mon indifference,
Je goute un assez douce paix.

ELISE.

Il est doux quelquefois de lui rendre les armes,
L'interêt de nos cœurs nous force à lui ceder.
L'amour seul peut nous accorder
Des plaisirs pleins de charmes.

ALCIPE.

L'Amour me fait trembler, la douceur de ses chaînes
Ne sçauroit tenter mes desirs,
Et pour être exempt de ses peines,
Je le quitte de ses plaisirs.

ELISE.

Tout nous parle d'amour dans ce charmant bocage,
Ecoutez les oiseaux sous ces feüillages verds,
Ils expriment dans leurs concerts
La douceur de leur esclavage.

ALCIPE.

Je n'entens rien à leur langage,

Si l'Amour avoit des douceurs,
Qui pourroit engager tant de cœurs à le craindre?
Tout l'Univers se plaint de ses rigueurs,
Et je n'aime point à me plaindre.

ELISE.

Il faut aimer pour être heureux,
Il n'est plus tems d'être amoureux,
Quand on a passé le bel âge;
Que sert d'avoir un cœur, si l'amour ne l'engage?
Et que peut-il aimer, s'il ne ressent ses feux?

ALCIPE.

J'aime à voir en paix du rivage
Des malheureux amans le funeste naufrage,
J'aime à leur voir former des vœux,
Pour des maitresses infidelles,
Et s'applaudir souvent des faveurs de leurs belles,
Lorsqu'un Rival caché les partage avec eux.

ELISE.

L'Amour vous forcera tôt ou tard à vous rendre.

ALCIPE.

Je sçauray toujours m'en défendre.

ELISE.

Il a bien-tôt allumé son flambeau,
Pour soûmettre les cœurs qui bravent sa puissance.

ALCIPE.

Que son triomphe sera beau
S'il peut vaincre ma resistance?

SCENE QUATRIE'ME.

ARICIE, ELISE.

ELISE.

TOus les cœurs vous rendent les armes,
Je vois avec plaisir des triomphes si beaux,
L'Amour qui s'interesse au pouvoir de vos charmes
Dans vos fers tous les jours met des amans nouveaux

ARICIE.

Les soins que l'on prend pour me plaire
Font trop d'honneur à mes foibles appas,
Mais l'amour ne plait guere,
Quand l'amant ne plait pas.

ELISE.

Pour suivre une flame nouvelle,
Vous avez rendu malheureux
L'amant le plus fidelle,
Et le plus amoureux.

ARICIE.

Vôtre amitié pour moi toujours a sçû paroître,
C'est à vous que mon cœur veut se faire connoître,
Cet amant dont le sort semble vous attendrir,
N'est pas le plus à plaindre.
J'ay crû voir son ardeur pour moy se ralentir,
Et pour l'empêcher de s'éteindre
A des liens nouveaux j'ay feint de consentir.

ELISE.

Pouvez vous ſans trembler voir le peril extrême
Où vos rigueurs vont l'engager?
Eh! que peut on avoir à menager,
Quand il faut ſauver ce qu'on aime?

Toutes deux.

Eh! que peut-on avoir a menager,
Quand il faut ſauver ce qu'on aime?

ARICIE.

Je ne ſçaurois briſer mes nœuds,
Je veux, quoi qu'il m'en coute, éprouver ſa conſtance
Tâchez ſi vous m'aimez, d'entretenir ſes feux,
Et s'il le faut encor, rendez-lui l'eſperance.

SCENE CINQUIE'ME.

ARICIE ſeule.

CEſſez vaine fierté, ceſſez de me contraindre,
Si mon vainqueur m'aime toujours,
Pourquoi m'engagez vous à feindre.
Pourquoi vouloir troubler nos tranquilles amours?
Ceſſez vaine fierté, ceſſez de me contraindre

Aimez mon cher amãt, vous n'avez rien à craindre.
Vous regnez toujours dans mon cœur,
Vous l'embraſez d'un feu que je ne puis eteindre.
Je connois vos ennuis, je ſçay vôtre langueur.

Mais je ne suis pas moins à plaindre,
Si j'exerce sur vous une extrême rigueur,
C'est pour eprouver vôtre ardeur,
Aimez, aimez, vous n'avez rien à craindre.

E le le voit.

Je le vois; dans ces lieux il a suivi mes pas,
Revenez ma fierté, ne m'abandonnez pas.

SCENE SIXIE'ME.

ARICIE, FERNAND.

FERNAND.

VOulez vous m'eviter sans cesse?

ARICIE.

Voulez vous m'arrêter toûjours?

FERNAND.

Voyez l'excez de ma tristesse.

ARICIE.

Est ce à moy d'en borner le cours?

FERNAND.

C'est de vous seulement que j'attens du secours.

En vain vous m'ôtez l'esperance,
En vain de mes Rivaux vous approuvez les soins,
Je ressens vos méprıs, je vois vôtre inconstance,
Et je ne vous aime pas moins.

ARICIE.

Il faut vous degager; dans une amour nouvelle
Vous pourrez trouver des appas;

FERNAND.

Eh! le puis-je cruelle!
Puis-je vous oublier helas!
Pour me rendre infidelle
L'exemple & les conseils ne me suffisent pas.

Dans le tourment qui me possede
Ce barbare conseil peut-il me soulager?
Inhumaine, est-ce a vous à m'offrir ce remede
Aprés m'avoir promis de ne jamais changer?

ARICIE.

Tant que j'ay regné sur vôtre ame
Aux soins de vos Rivaux mon cœur a resisté,
Je voyois tous les jours expirer vôtre flame,
J'ay voulu prevenir vôtre infidelité.

FERNAND.

Vous usez d'une vaine adresse,
Pour donner une excuse à vôtre trahison.

ARICIE.

Je n'ay point changé sans raison,
Vous avez le premier trahy nôtre tendresse.

Je cedois au penchant de mon cœur prevenu,
Mes feux trop violens combloient vôtre esperance;
Et j'avois oublié qu'un amour trop connu
Rallentit d'un amant les soins & la constance.

Non, c'est vous qui me trahissez,
Non, vous m'aimez moins que vous ne pensez.

FERNAND.

Malgré les maux que vous me faites
Je sens que vos attraits peuvent tout enflammer;
Je vous aime toujours, ingrate que vous estes,
Plus que je ne dois vous aimer.

Pouvez-vous oublier une chaîne si belle?
Nous nous estions promis de la rendre éternelle.

ARICIE.

Je ne veux plus me souvenir
D'une tendresse si charmante,
Quand je veux y penser ma honte s'en augmente;
Cessez de m'en entretenir
Je ne veux plus m'en souvenir.

FERNAND.

Qu'entens-je? ô Ciel!

ARICIE.

Non, vous ne devez pas pretendre
De me faire reprendre
Des nœuds que j'ay brisez.
C'est une erreur de l'entreprendre
Vous les avez trop méprisez;
Non, vous ne devez pas pretendre
De me faire reprendre
Des nœuds que j'ay brisez.

FERNAND.

Croyez vous qu'il me soit possible
De me faire un destin paisible,
Si vous m'abandonnez?

Je sens déja l'horreur d'un desespoir funeste,
Et de mes jours infortunez
Vous bornerez bien-tost le déplorable reste,
Si vous m'abandonnez?

ARICIE.

Qu'est devenu vostre courage?
Vous devez le mettre en usage
Pour vaincre un sort qui vous paroist affreux.

Ensemble.

L'esperance } *est le partage,*
Le desespoir }
Des amans malheureux.

FERNAND.

Vous me quittez?

ARICIE.

Les amans en ce Temple
S'assemblent en ce jour,
J'y viens à leur exemple
Pour accomplir un vœu que j'ay fait à l'Amour.

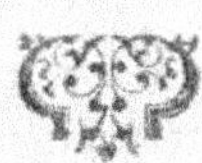

SCENE SEPTIÉME.

FERNAND, ELISE.

ELISE.

QUoy! toujours ſombre & ſolitaire?

FERNAND.

J'ay perdu pour jamais l'objet qui m'a ſceu plaire.

ELISE.

Il faut toujours eſperer en aymant,
L'Amour veut éprouver, peut-eſtre,
Si voſtre cœur ſçait aimer conſtamment;
Ce Dieu peut faire naiſtre
Vos plaiſirs de voſtre tourment;
Il faut toujours eſperer en aymant.

FERNAND.

La rigueur de mon ſort ne peut-eſtre adoucie,
Non, non, je ne me trompe pas,
J'ay lû dans les yeux d'Aricie,
L'Arreſt de mon trépas.

ELISE.

Soyez toujours tendre & fidelle,
Aprés une rigueur cruelle
Vous verrez finir voſtre ennuy,
L'Amour vous aydera, repoſez-vous ſur luy.

Allons aſſiſter à la feſte,
Que pour ce Dieu charmant en ces lieux on appreſte.

SCENE HUITIÉME.

Troupe d'Amants & d'Amantes qui sont venus rendre hommage à l'Amour.

DEUX AMANTES.

JEunes cœurs gardez-vous de pretendre
Que l'Amour ne vous enflamme pas,
Tost ou tard il sçaura vous apprendre
Que tout céde à ses charmans appas.

DEUX AMANTS HEUREUX.

Dans ce charmant séjour
Nostre bonheur dépend de nostre amour.

L'AMANT.

La grandeur brillante
Ne rend pas content,
Un rang éclattant
N'a rien qui nous tente.

L'AMANTE.

Nostre ame asservie
Sous d'aymables loix
S'attache à son choix,
Et voit sans envie
Le destin des Rois.

L'AMANT.

Pourquoy se contraindre
L'Amour comble nos vœux,
Ses maux rendent heureux.
On a beau le craindre
On a beau s'en plaindre,
On aime mieux sentir ses feux
Que de les éteindre.

L'AMANTE.

Un cœur qui soûpire
Aime som martyre,
Il n'en veut point guerir
Dans l'excés du mal qui l'accable,
L'ennemy qui le fait souffrir
Luy paroist aymable.

Ensemble.

Dans ce charmant séjour
Nostre bonheur dépend de nostre amour.

CHOEUR.

L'Amour tient sous ses loix le Ciel, la terre & l'onde,
Ses traits sont redoutez jusqu'au centre du monde;
Chantons, redisons tour à tour,
Que tout l'Univers nous reponde
Qu'il n'est point de pouvoir qui ne céde à l'Amour.

SCENE NEUVIE'ME.

ARICIE, ELISE.

ELISE.

FErnand brûle pour vous d'une flame constante,
Quittez une vaine terreur.

ARICIE.

Je ne suis point contente
D'une commune ardeur,
Et je veux pour toujours m'assurer de son cœur.

Sur le sort que je dois attendre
Allons consulter Aristandre.

FIN DE LA TROISIE'ME ENTRE'E.

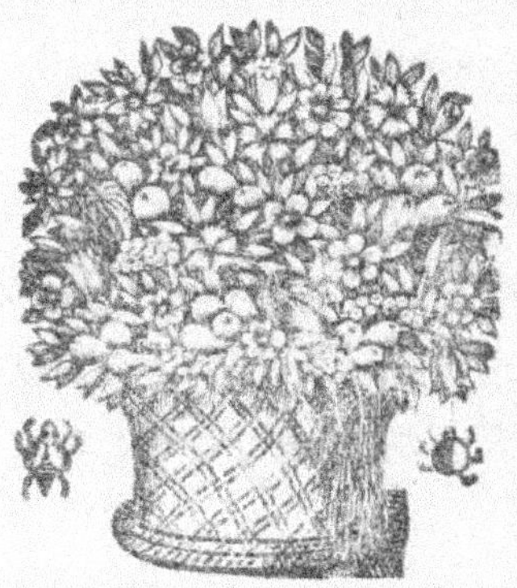

QUATRIE'ME ENTRE'E.

Le Theatre repreſente l'Antre d'Ariſtandre.

SCENE PREMIERE.

ARISTANDRE ſeul.

On art ſurprend les mortels & les Dieux,
Du plus ſombre avenir je perce le nuage,
Je commande aux eſprits du tenebreux rivage,
Je fais pâlir la lumiere des Cieux,
Et je puis attendrir le cœur le plus ſauvage.

Amants qui gemiſſez dans un triſte eſclavage
Venez, accourez en ces lieux.

SCENE SECONDE.

ARISTANDRE, ARICIE.

ARICIE.

POur fixer mon incertitude
Je viens implorer ton secours,
D'une cruelle inquietude
Tu peux sauver mes jours.

ARISTANDRE.

Pour répondre à tes vœux je puis tout entreprendre,
Et mon pouvoir pour toy ne sera point borné.
Où faut-il m'enployer?

ARICIE.

J'ay peine à te l'apprendre,
Et tu vas en estre étonné.

Ne trompe point mon esperance,
Pour connoistre le cœur
De celuy qui fait ma langueur,
Il faut me découvrir aujourd'huy ta science.

ARISTANDRE.

Qu'entens-je! ô Ciel?

ARICIE.

Pour connoître sa foy
Je veux ne me fier qu'à moy.

Il me jure toujours une tendresse extrême.
Pour cacher leur legereté,
Tous les amans parlent de mesme,
Et l'on ne sçauroit trop prendre de seureté,
Avec ce que l'on ayme.

ARISTANDRE.

Mon pouveir est connu jusqu'au centre du monde,
Je veux que l'Enfer te réponde.

Esprits soumis à mes loix
Venez, repondez à ma voix,
Montrez à me servir vostre ardeur sans égale,
Hâtez-vous découvrez un mystere caché,
Sortez de la nuit infernalle,
Apportez la Robe fatale,
Où mon pouvoir est attaché.

On voit sortir de dessous le Theatre quatre Demons qui apportent la Robe mysterieuse, qui communique la science d'Aristandre.

SCENE TROISIE'ME.

ARISTANDRE, ARICIE. Troupe de Demons.

UN DEMON.

TA voix a penetré dans la nuit éternelle,
Nous ſuivons tes deſirs avec un ſoin fidelle.

L'Amour ſe fait trop redouter,
Il ne ceſſe point d'agiter
Les cœurs qui luy rendent les armes,
Trop heureux qui peut éviter
Le pouvoir de ſes charmes.

Que ſans ceſſe la crainte
Suive vos ardeurs,
L'Amour n'eſt ſouvent qu'une feinte
Pour ſurprendre vos cœurs.

CHOEUR.

Que ſans ceſſe la crainte
Suive vos ardeurs,
L'Amour n'eſt ſouvent qu'une feinte
Pour ſurprendre vos cœurs.

LE MESME DEMON.

Quand l'Amour cherche à vous soumettre
Deffendez-vous d'abord de vous laisser charmer,
Avant que de ceder à l'ardeur qu'il fait naistre;
Il faut connoître
Ce qu'on doit aymer.

Le Demon donne à Aristandre la Robe qu'il a apportée.

SCENE QUATRIE'ME.

ARISTANDRE, ARICIE.

ARISTANDRE.

Par ce puissant secours tu peux te faire entendre
Jusques dans le sombre séjour,
Ton pouvoir va s'étendre,
Plus loin que la clarté du jour.

FIN DE LA QUATRIE'ME ENTRE'E.

CINQUIÉME ENTRÉE.

Le Theatre change & represente un autre endroit de l'Isle inconnuë, voisin de l'Antre d'Aristandre.

SCENE PREMIÉRE.

FERNAND, ALCIPE.

FERNAND.

IL faut m'éclaircir en ce jour
Du sort de mon amour,
C'est dans ces demeures secrettes
Que de l'obscur avenir
On consulte les Interpretes.

ALCIPE.

Vostre cœur dans ses maux ayme à s'entretenir.

La beauté qui vous a sçû plaire
Triomphe de vostre embarras;
Aux yeux d'une Maîtreste fiere
Les peines d'un Amant ont toujours des appas.

L'xcés du mal qui vous accable
Flatte sa vanité,
Et vous auriez trouvé sa fierté plus traitable
Si vos chagrins avoient moins éclatté.

FERNAND.

Il faut que sans témoins cet oracle se rende,
Ne suivez point mes pas, qu'en ces lieux on m'attende.

SCENE SECONDE.

ELISE, ALCIPE.

ELISE.

Quel sort vous conduit en ce Bois,
Vous qui ne ressentez ny l'amour ny sa flame?

ALCIPE.

Vous devez connoitre mon ame,
Je fuis les amoureuses loix.

ELISE.

Rien n'est si doux que l'amoureux Empire
Rien n'est si fort que les traits de l'Amour,
Tout ce qui respire
S'enflame & soupire,
Tout ayme à son tour,
Si vous avez un cœur vous aymerez un jour.

ALCIPE.

Non, l'Amour ne peut me surprendre,
Son pouvoir ne m'étonne pas,
On peut-estre asseuré toujours de s'en deffendre,
Quand on resiste à vos appas.

ELISE.

Vous ne devez point vous contraindre
L'Amour doit toujours allarmer,
Je suis la premiere à le craindre
Je ne sçaurois blamer,
Un cœur qui se deffend d'aymer.

Ensemble.

De mille soins facheux la tendresse est suivie,
Evitons un fatal lien,
Heureux un cœur qu'Amour oublie?
Heureux un cœur qui n'aime rien?

SCENE TROISIEME.

ARCAS, ELISE.

ARCAS.

JE ne dois point venir en ces lieux écartez,
Pour m'eclaircir du ſort que mon cœur doit attendre,
Tes yeux me font aſſez entendre
Que mes vœux les plus doux ſont toûjours rebutez.

ELISE.

Lorſque j'étois ſenſible a ton amour extrême
Je te parlois de bonne foy,
Aujourd'huy que mon cœur ne ſent plus rien pour toy
Je te parle de même.

ARCAS.

Ay-je pû m'attirer cette extrême froideur
Et meriter cette injuſtice?

ELISE.

Soit que j'aime ou que je haïſſe,
Je ne ſçaurois cacher mon cœur.

ARCAS.

Ciel?

ELISE.

Je t'offre un ſecours facile
Pour te faire un ſort tranquile.

Et pour laisser mon cœur en paix,
Si le desespoir est utile,
Pour étouffer tes vains regrets,
Je te promets de ne t'aimer jamais.

ARCAS.

Je manquerois de courage
Aprés un tel aveu si je suivois tes pas;
Pour me vanger de tes appas
Je t'abandonne à ton humeur volage.

SCENE QUATRIE'ME.

ARICIE, ELISE.

Pour soulager ma peine extrême,
De quel espoir ai-je pu me flatter?
En voulant m'eclaircir quel soin vient m'agiter?
J'ay peur de me trahir moy-même;
Lorsque l'on a cessé de plaire à ce qu'on aime,
C'est toûjours un bonheur que d'en pouvoir douter.
Pour soulager ma peine extrême
De quel espoir ay-je pu me flatter?

ELISE.

Pour calmer vôtre inquiétude
Peut-estre prendrez-vous trop de soin en ce jour,
Il faut se reserver un peu d'incertitude
Lorsque l'on veut avoir du plaisir en amour.

ARICIE.

Fernand me cherche en ce boccage,
Mon cœur va me trahir je n'ay pas le courage
De ſoûtenir le trouble où je le voy;
Je ſens que la pitié va découvrir ma flâme,
Et je dois me fier à quelqu'autre qu'à moy
Pour lire dans ſon ame.

SCENE CINQUIE'ME.

FERNAND ſeul.

ROchers inacceſſibles,
Ecoutez le récit de mes vives douleurs;
Vous ceſſerez d'eſtre inſenſibles
Lorſque vous ſçaurez mes malheurs.

SCENE SIXIE'ME.

ARICIE, FLORINDE, FERNAND.

ARICIE.

IL eſt ſeul, hâtez-vous d'eclaircir un miſtere
d'où dépend mon bonheur;
Pour ſentir le repos de retour dans mon cœur
Amour c'eſt en vous que j'eſpere.

ARICIE ſe cache dans un endroit d'où elle peut les entendre.

SCENE SEPTIE'ME.

ARICIE, FERNAND, FLORINDE.

FERNAND.

Vous qui pouvez m'instruire
Du sort de mes amours,
Hâtez-vous de me dire
Quel en sera le cours.

FLORINDE.

Vous brûlez pour une inhumaine,
Elle n'a pû garder sa chaîne;
Vos feux sont tendres & constans,
Mais vous avez bien l'air de soupirer long-temps.

FERNAND.

Ne puis-je me flatter de l'espoir agreable
De la toucher un jour par mes soins amoureux?

FLORINDE.

Cessez d'entretenir vos feux,
Elle sera pour vous toûjours inéxorable.

FERNAND.

Quoy! toûjours amoureux & toûjours miserable,
Je ne verray jamais finir
Mon destin déplorable?

FLORINDE.

Je ne vois rien dans l'avenir
Qui vous soit favorable.

FERNAND.

O Ciel! quel affreux desespoir!
Son cœur est-il en son pouvoir?

FLORINDE.

L'Amour s'est pour jamais emparé de son ame,
Rien ne peut la changer,
Et vos malheurs loin de la dégager,
Ne font que redoubler sa flâme.

FERNAND.

Ah! que m'apprenez-vous!
Quel malheur!

FLORINDE.

Vous aimez sous un Astre en courroux.

FERNAND.

A cet Oracle épouvantable
Mon cœur ne veut point s'arrêter.

FLORINDE.

Temeraire, apprenez vôtre sort effroyable
Puisque vous en voulez douter..

FERNAND.

Cessez de vouloir me troubler,
Mon destin tel qu'il soit ne me fait point trembler;

J'adore malgré luy la beauté qui m'enflâme ;
Si je ne puis toucher son ame
La vie est pour moy sans appas ;
Dites-luy que l'amour malheureux & fidele
Dont je brule pour elle
M'a contraint à chercher un funeste trépas.

Il tire son épée pour se tuer, Aricie sort avec précipitation du lieu où elle estoit, & se jette sur son épée.

ARICIE.

Arrêtez, Ciel! ô Ciel! qu'allez-vous entreprendre?
Aprés un tel amour je vous dois tout apprendre.

FERNAND.

Que vois-je? ô Dieux?

ARICIE.

Vous voyez devant vous
Cette mesme Princesse
Pour qui l'Amour vous fait sentir ses coups,
Et qui fait son bonheur de garder sa tendresse.

FERNAND.

Est-ce un charme?

ARICIE.

Oubliez les innocens détours
Que m'a fait prendre une tendresse extrême ;
Si j'ay d'un art terrible emprunté le secours,
Pour s'assurer de ce qu'on aime
A quoy n'a-t'on pas recours?

Tous Trois.

Ah que l' Amour auroit de charmes!
Si l'on pouvoit aimer sans trouble & sans allarmes?

ARICIE.

Peuples que le destin soûmet à ma puissance.
Celebrez en ce jour l'amour & sa constance.

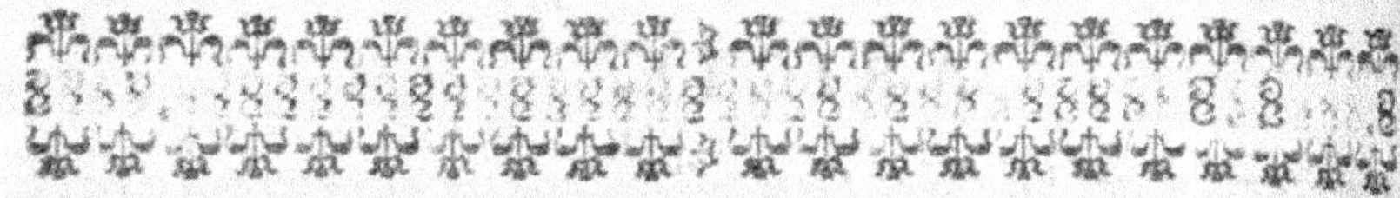

SCENE HUITIE'ME.

FERNAND, ARICIE, ALCIPE, ELISE, Suite de Fernand, les Peuples de l'isle inconnuë.

FERNAND.

L'Amour a fini mes allarmes,
Un calme heureux succéde au trouble de mes sens,
Et j'ay trop peu versé de larmes
Pour les douceurs que je ressens.

ELISE.

Dans l'amoureux empire
On a bien à souffrir,
Les biens où l'on aspire
Sont long-tems à venir.

On languit, on soûpire,
Dans un cruel martyre;
Mais un heureux moment
Finit un long tourment.

Habitans de l'Isle inconnuë.

Il faut brûler d'une ardeur éternelle
Pour avoir un beau rang dans l'empire amoureux;
Jeunes cœurs qui prenez une chaîne nouvelle
Aimez d'un amour fidelle,
Tost ou tard vous serez heureux.

LE CHOEUR.

Celebrons la puissance
De l'Amour & de la constance,
Celebrons les plaisirs charmans
Des fidelles Amans.

FIN DE LA CINQUIE'ME ET DERNIERE ENTRE'E.

www.ingramcontent.com/pod-product-compliance
Ingram Content Group UK Ltd.
Pitfield, Milton Keynes, MK11 3LW, UK
UKHW022137260726
13993UKWH00003B/1488

9 782329 231525